W0064037

Ursula Calis

Thüringische
Spezialitäten

KOMPASS Küchenschätze

Schloß Burgk

Ein Wort zuvor

Wer an Thüringen denkt, denkt vielleicht zuerst an die bekannten und berühmten Orte wie die Dichterstadt Weimar, die alte Universitätsstadt Jena oder die Landeshauptstadt Erfurt sowie die zahlreichen Sehenswürdigkeiten dieser Region.

Oder man erinnert sich, daß im „Grünen Herzen Deutschlands" so berühmte Persönlichkeiten wie Goethe, Schiller, Herder und Luther gelebt haben. Heute begeistert die Vielfalt der Landschaft und die abwechslungsreiche Architektur. Der Thüringer Wald ist mit seinen hohen Fichtenbeständen seit jeher ein traditionsreiches Wandergebiet, in dessen westlichstem Teil das Wahrzeichen des Landes, die Wartburg, liegt.

Die Kernlandschaft ist jedoch das Thüringer Becken, eine weite Region mit trockenem Klima und fruchtbaren Böden. Aber auch das Saaletal mit seinen zahlreichen Schlössern und Burgen – im östlichen Teil Thüringens gelegen – hat viel Sehenswertes zu bieten. Thüringen hat sich eine bodenständige Küche bewahrt, deren Spezialitäten überaus abwechslungsreich sind. Die vielen, gemütlichen Dorfgaststätten, Waldgasthöfe, Ratskeller und kleinen Wirtshäuser bieten eine Vielzahl verschiedenster Gerichte an, die es sich alle nachzukochen lohnt.

Allem voran seien die berühmten Thüringer Klöße erwähnt. Sie werden teils aus rohen, teils aus gekochten, geriebenen Kartoffeln hergestellt und mit knusprigen Semmelwürfeln gefüllt. Wichtig ist, daß immer ein Braten mit viel guter Soße dazu gereicht wird. Nicht nur die Klöße, auch die berühmte Rostbratwurst ist eine Art „Markenzeichen" Thüringens. Sie ist weit über die Grenzen des Landes hinaus bekannt und beliebt. Historiker fanden heraus, daß sie bereits im Jahre 1613 erstmalig in einer „Ordnung für das Fleischerhandwerk zu Weimar" erwähnt wurde. Auf keinem Markt oder Volksfest darf sie fehlen. Ihren besonderen Geschmack erhält sie jedoch erst durch die Zubereitung über einem offenen Holzfeuer. Weniger berühmt, dennoch sehr beliebt ist auch die Rotwurst, eine leicht geräucherte Blutwurst mit kleinen Fettstückchen. Braten oder Speck gab es früher nur an Sonntagen. Mittlerweile haben sich etliche Spezialitäten, wie der Sauerbraten oder die traditionsreiche Martinsgans, etabliert. Darüber hinaus liefert der Thüringer Wald zahlreiches, frisches Wild. Neben den bekannten Wurst- und Fleischgerichten werden auch gerne heimische Fische verzehrt.

Rund um Erfurt liegen weite Gemüseanbaugebiete, in denen Sellerie, Rotkohl, Erbsen und vielerlei Salate gedeihen. Mit einem echten Zwiebelvorrat kann man sich dann an jedem ersten Samstag im Oktober auf den Weimarer „Zippelmarkt" (Zwiebelmarkt) eindecken. Neben Pikantem hat aber auch Süßes einen hohen Stellenwert. Hier findet man die saftigsten Obstkuchen, denn die Thüringer mögen sie „gut feucht" am liebsten. Dünner Hefeteig, dick mit heimischen Früchten (z.B. Kirschen,

Äpfel, Birnen oder Beeren) belegt, wird sogar noch mit einem Guß aus Schmand (dicke, saure Sahne) überzogen. Dazu gibt es natürlich einen guten Kaffee.

Dieses Buch bietet Ihnen eine breite Palette verschiedener Spezialitäten aus Thüringen: Suppen, Fisch-, Fleisch-, Gemüse und Salatgerichte sowie die typischen Klöße, Süßwaren und Gebackenes. Auf den nachfolgenden Seiten werden die wichtigsten landestypischen Gerichte kurz vorgestellt. Daran anschließend dient ein kleines „Küchenlexikon" als Sprachführer durch das Land. So wird es Ihnen sicher leicht fallen, die Besonderheiten der „Thüringer Küche" kennenzulernen und mit Freude nachzukochen. Dabei wünsche ich Ihnen stets ein gutes Gelingen.

Ihre

Ursula Calis

Inhalt

Die besonderen Spezialitäten Thüringens

Die traditionsreiche Thüringer Küche bietet eine Vielzahl von bodenständigen, teils aufwendigen, aber auch einfachen Gerichten. Neben den wichtigen Hauptspeisen mit Klößen und Bratenfleisch, sind vor allem die pikanten **Wurstspezialitäten** überaus beliebt. Die **Thüringer Rostbratwurst** und die **Rotwurst** sind weit über die Grenzen des Landes hinaus bekannt. Vorab gibts vielleicht eine der gehaltvollen **Suppen.** Die wohl bekanntesten sind die **„Buttermillichsoppe"** (Buttermilchsuppe), **Kartoffelsuppe mit Porree** oder der **Weimarer Schnippeltopf.**

Bäche und Flüsse liefern eine Vielzahl von Süßwasser-**Fischen.** In Thüringen kennt und schätzt man **Hecht, Karpfen** und **Forellen,** die gerne gebacken, gebraten oder gedünstet serviert werden.

Bei der Zubereitung von **Fleisch- oder Geflügelgerichten** ist es überaus wichtig, eine gute Soße dazu zu reichen.

Der **Sauerbraten** ist eine Delikatesse, so auch das **„Thüringer Rostbrätel".** Saftige Schweinenacken-Schnitzel – vorher in Bier, Öl, Zwiebeln und Gewürzen mariniert – werden hierfür kurz gebraten oder am besten gegrillt. Ohne die beliebten **Klöße** wäre

der weihnachtliche Gänsebraten mit saftigem Rotkohl gar nicht denkbar. Nicht ohne Aufwand zubereitet, sind sie eine wichtige Beilage, mehr noch: fast eine Hauptspeise. Als Grundlage dienen rohe, geriebene Kartoffeln, die mit einem Teil gekochter Kartoffeln sowie Milch und Salz verarbeitet werden. Daneben gibt es eine Vielzahl von **Gemüse**-Spezialitäten und **Salate,** meist aus heimischem Anbau. Die **„Thüringer Rotkrautwickel"**, das **„Dämpfkraut"** und der **„Suhler Wiersching"** (Wirsing) sind nur einige Beispiele. Jedoch nicht nur Herzhaftes, auch Süßes ist überaus beliebt. Mit Tradition werden im Herbst die vielen Früchte haltbar gemacht. Eingekochte **„Hölperle"** (Preiselbeeren) oder **Zwetschen,** die süßsauer verarbeitet werden, finden in etlichen, winterlichen Gerichten eine gute Verwendung. Saftige **Obst-Blechkuchen** mit viel Guß, aber auch pikante Gebäcke, wie der **Weimarer Zwiebelkuchen** müssen reich belegt sein. Nach einem guten Essen wird anschließend gerne ein kräftiger **Kaffee** getrunken, am liebsten mit einem feinen Likör aus heimischen Schlehen oder Holler (Holunder)-Beeren.

Kleines Küchenlexikon

Äpfles	= Äpfel
Backobst	= getrocknete Früchte
Brüh	= Soße
Dämpfkraut	= Sauerkraut
Dätscher	= Reibekuchen
Ditschhering	= zerkleinerter Hering
Feldkicker	= Wurstsorte, ähnlich einer luftgetrockneten Mettwurst
Halbseidene Klöße	= gekochte Kartoffelklöße
Hifen, Hiften	= Hagebutten
Holler	= Holunder
Hölperle	= Preiselbeeren
Hüts, Hütes	= mundartl. für Thüringer Klöße
Hutzeln	= Trockenobst, Dörrobst
Krömpele	= kleine Teigstückchen
Krömpeleskuche	= Streuselkuchen

Matjes	=	mild gesalzener Hering
Millichbrüh'	=	Milchsoße
Porree	=	Lauch
Rahm	=	süße Sahne, Schlagsahne
Rostbrätl	=	Scheiben von gebratenem/gegrilltem Schweinenacken
Rotwurst	=	leicht geräucherte Blutwurst
Schälrippchen	=	Schweinerippchen
Schippele	=	Kartoffelsalat, meist mit Speck
Schmand	=	dicke, saure Sahne mit 30% Fettgehalt, ähnlich Crème fraîche
Schmandkuchen	=	Obst-Blechkuchen mit Früchten und Sahneguß
Semmel	=	Brötchen
Semmelbrösel	=	Paniermehl
Thüringer Klöße	=	Kartoffelklöße teils aus rohen, teils aus gekochten Kartoffeln
Tüschel	=	Semmelauflauf mit Eiermilch
Zelot	=	Salat
Zippel	=	volkstüml. Ausdruck für Zwiebel
Zockerärwes	=	Erbsen
Zwetschen	=	Pflaumen
Zwetschenmus	=	Pflaumenmus

Eisenacher Brotsuppe

150 g altbackenes, dunkles Schwarzbrot in Scheiben	Salz, weißer Pfeffer
etwas Butter	etwas edelsüßes Paprikapulver
30 g Butterschmalz	1 Prise Majoran
50 g Speckwürfel	5 EL Schmand (dicke, saure Sahne)
1 Zwiebel, grob gehackt	2 EL geh. Petersilie
1 Bund Suppengrün	1 Knoblauchzehe nach Belieben
1 l kräftige Fleischbrühe	

● In einer größeren Pfanne die Schwarzbrotscheiben anrösten, dann auf einen Teller geben und in Stückchen zerteilen.

● Das Butterschmalz in einem Suppentopf erhitzen, den Speck darin ausbraten, geschälte und gehackte Zwiebel, geputztes und kleingeschnittenes Suppengrün sowie die Brotstückchen dazugeben.

● Alle Zutaten gut durchmischen und andünsten lassen, dann mit kalter Brühe aufgießen und langsam, unter beständigem Rühren, zum Kochen bringen.

● Die Suppe würzen und auf niedriger Stufe etwa 25-30 Minuten garen lassen.

● Den Topf von der Kochstelle nehmen, den Schmand unterziehen und die Suppe mit gehackter Petersilie bestreuen. Nach Belieben mit frisch gepreßtem Knoblauch abrunden. Sofort servieren.

Tip:
Verwenden Sie für diese schmackhafte Brotsuppe am besten ein feines, dunkles Roggenmischbrot (ohne ganze Körner).

„Ärwessoppe" mit Eierstich
(Erbsensuppe)

250 g grüne Trocken-erbsen, über Nacht in 1 1/2 l Wasser eingeweicht	100 g magerer Speck, sehr fein gewürfelt
1 Bund Suppengrün	1 gehackte Zwiebel
1 Knoblauchzehe	Eierstich: 2 Eier
1 Lorbeerblatt	4 EL Mehl, Salz
Salz, weißer Pfeffer, Majoran	1 Prise frisch geriebener Muskat
2 Kartoffeln, gewürfelt	20 g Butterschmalz

● Die Erbsen mit dem Einweichwasser zum Kochen bringen, dabei gelegentlich abschäumen. Mit dem geputzten, klein-geschnittenen Suppen-grün, frisch gepreßtem Knoblauch und den Ge-würzen in ca. 1 1/2 Stun-den weich kochen. Etwa 30 Minuten vor Ende der Garzeit Kartoffelwürfel hinzufügen.

● 1/3 der Menge abnehmen und beiseite stellen, den Rest pürieren und wieder zusammenmischen.

● In einer mittelgroßen Pfanne den Speck ausbraten, die gehackten Zwiebeln mitdünsten und beides in die Suppe geben. Gut unterrühren, nochmals aufkochen und auf niedriger Stufe ca. 10 Minuten lang durchziehen lassen.

● Für den Eierstich die Eier mit Mehl, Salz und Muskat verquirlen. Das Butterschmalz in einer Pfanne erhitzen und die Eimasse hineingießen. Stocken lassen, dann zur Hälfte übereinanderklappen und so lange weitergaren, bis der Eierstich fest ist. Auf einem Holzbrett mit Hilfe eines scharfen Messers in Würfel schneiden und kurz vor dem Servieren auf die Erbsensuppe geben.

Einfache Biersuppe

2 EL Butter	etwas frisch geriebene Muskatnuß
1 l helles oder dunkles Bier	
Salz, weißer Pfeffer	1 Eigelb
1 Prise Zucker	3-4 EL Schmand (dicke, saure Sahne)
1/2 TL gem. Kümmel	Weißbrotwürfel, Butter

● Die Butter in einem größeren Topf schmelzen, das Bier dazugeben und unter beständigem Rühren langsam erhitzen. Eventuell den sich bildenden Schaum abheben. Mit Salz, Pfeffer, Zucker, Kümmel und Muskat würzen.

● Eigelb mit Schmand verquirlen. Den Topf von der Kochstelle nehmen, das Eigelb unterziehen, in Butter geröstete Brotwürfel dazugeben und die Biersuppe sofort servieren.

Tip:
Wenn Sie 1 Stück ungespritzte Zitronenschale und einige Tropfen Zitronensaft zum Bier geben, dann schäumt es nicht so leicht.

„Buttermillichsoppe"
(Buttermilchsuppe)

400 g frischer, durchwachsener Bauchspeck

500 g frische, reife Birnen oder 250 g getrocknete, eingeweichte Birnen

125 g Rosinen

1/2 l Buttermilch

2 EL Mehl, 3-4 EL Zucker

Zimt nach Belieben

● Den Bauchspeck mit 1/2 l Wasser zum Kochen bringen, dann zugedeckt auf niedriger Stufe ca. 2 Stunden lang garziehen lassen. Herausnehmen, abtropfen und in Scheiben schneiden.

● Die Birnen waschen, abtrocknen, vierteln, vom Kerngehäuse befreien und schälen. In Scheiben

schneiden. Trockenbirnen einweichen und in Stücke zerteilen. Die Früchte mit den gewaschenen, gut abgetropften Rosinen ca. 10 Minuten lang in der Speckbrühe garziehen.

● Die Buttermilch mit Mehl und Zucker gleichmäßig vermischen, dann unter beständigem Rühren langsam erhitzen. Die Brühe mit den Birnen sowie Rosinen dazugeben und weitere 10 Minuten erhitzen, jedoch nicht kochen lassen.

● Den Speck auf vier tiefe Teller verteilen, mit der Buttermilchsuppe übergießen, nach Belieben mit Zimt bestreuen und sofort servieren.

Beilage:
Kräftiges Schwarzbrot

Interessant für Sie:
Die „Buttermillchsoppe" ist ein alt-thüringisches Rezept, die Sie auch ohne die Zugabe von Bauchspeck anrichten können. Diese Spezialität wird vorwiegend im oberen Werratal verzehrt. Dort kennt und schätzt man auch andere Speisen, bei denen Milch unerläßlich ist, z.B. Pellkartoffeln mit geronnener Milch oder eine „Millichbrüh" (Milchsoße).

„Krömpele"-Suppe

175 g gesiebtes Mehl	1 l Wasser
2-3 Eier, 1 Prise Salz	1/2 l Fleischbrühe
frisch geriebener Muskat	250 g Schinkenspeck
etwas Wasser	2-3 EL geh. Schnittlauch

● Mehl, Eier und Gewürze unter Zugabe von Wasser zu einem dickflüssigen Teig verrühren und von Hand zu großen Krümeln zerreiben. Falls die Masse zu trocken ist, etwas Wasser zugeben. Ist sie zu klebrig, Mehl zufügen.
● Wasser und Brühe aufkochen, die „Krömpele" hineingeben und leicht köchelnd in ca. 15 Minuten garziehen lassen.

● Inwischen den Speck fein würfeln, goldbraun ausbraten, in die heiße Suppe schütten, abschmecken und mit reichlich Schnittlauch garniert anrichten.

Interessant für Sie:
Diese Suppe erhielt ihren Namen von den eingegebenen Teigstückchen in Klümpchenform, die in Thüringen als „Krömpele" bezeichnet werden.

Weimarer Schnippeltopf (Gemüse-Eintopf)

1 kg Gemüse, z.B.
Möhren, Sellerie, Kohlrabi,
Porree, Rosenkohl, grüne
Bohnen

30 g Butterschmalz

40 g Speckwürfel

1 Zwiebel, in Ringe geschn.
1 geh. Knoblauchzehe

500 g Kartoffeln, grob
gewürfelt

Salz

Pfeffer

Paprika, gestoßener
Kümmel

3/4 l Fleischbrühe

200 g geräucherte
Würstchen

etwas Kerbel

2 EL geh. Petersilie

● Die verschiedenen
Gemüsesorten putzen,
waschen und in dünne

Scheiben oder Streifen
schneiden.
● In einem weiten Topf

Butterschmalz mit Speck-
würfeln erhitzen, Zwiebeln
und Knoblauch darin an-
dünsten. Das Gemüse
lagenweise einschichten
und dabei würzen. Zuletzt
die Kartoffeln darüberle-
gen.
● Mit heißer Fleischbrühe
auffüllen und bei mäßiger
Hitze in ca. 45 Minuten
garen.
● Gegen Ende der Garzeit
Würstchenscheiben in die
Suppe geben, nochmals

abschmecken und mit
Kerbel sowie gehackter
Petersilie bestreuen.

Tip:
Sie können diese Thürin-
ger Spezialität auch mit
dem Fleisch von ca. 300 g
gekochten Schälrippchen
(Schweinerippchen) zube-
reiten oder – anstelle der
Würstchen – Scheiben von
gebratener Thüringer Bau-
ernbratwurst dazugeben.

Kartoffelsuppe mit Porree

500 g mehlige Kartoffeln	ca. 3/4 l Fleisch- oder Hühnerbrühe
400 g Porree	
2 EL Butter, 1 EL Mehl	1 Prise Muskat
1 Zwiebel	100 ml süße Sahne
ca. 1/4 l Wasser	20 g kalte Butter
Salz, weißer Pfeffer	geh. Schnittlauch

● Die Kartoffeln schälen,
waschen und würfeln.
Den Porree putzen, in
feine Ringe schneiden und
gründlich waschen.

● Die Butter schmelzen,
darin die geschälte, feingehackte Zwiebel glasig
dünsten und die Hälfte des
Porrees dazugeben,
mitdünsten. Mit Mehl
bestreuen, untermischen
und langsam das Wasser

hinzufügen. Einmal aufko-
chen, dann beiseite stel-
len.

● In einem zweiten Topf
die Kartoffeln in der Brühe
weichkochen, fein pürie-
ren, würzen und die Por-
reemischung dazugeben.

● Nochmals aufkochen,
von der Kochstelle neh-
men, Sahne und Butter
einrühren. Mit Schnittlauch
bestreut servieren.

„Haringszelot" (Heringssalat)

4 küchenfertige Matjes-filets oder Filets von Salz-heringen	2 EL Zitronensaft
	3 Gewürzgurken
	100 g Salatmayonnaise
Mineralwasser	etwas Gurkensud
4 hartgekochte Eier	Salz, weißer Pfeffer
4 kleine, aromatische Äpfel (ca. 500 g)	1 Prise Zucker
	Dill zum Garnieren

● Die Matjes- oder Salz-heringsfilets kurz kalt abspülen, trockentupfen, in eine flache Schüssel legen und mit Mineral-wasser bedeckt ca. 1 1/2 Stunden lang wässern.
● Inwischen die Eier schälen, aus einem Ei das Eigelb herauslösen, zer-kleinern und beiseite stellen. Das Eiweiß sowie

die restlichen Eier würfeln.
● Die Äpfel waschen, vierteln, entkernen und kleinschneiden. Sofort mit Zitronensaft beträufeln. Mit den kleingewürfelten Gurken und den vorberei-teten Eiern mischen.
● Die Mayonnaise mit dem Gurkensud verrühren und zur Apfelmischung geben. Zuletzt die trocken-

15

getupften, in feine Streifen geschnittenen Matjes- oder Salzheringsfilets dazugeben und den Salat gut durchmischen. Mit Salz, Pfeffer sowie Zucker abschmecken und mit gehacktem Eigelb und Dill garnieren. Gut gekühlt servieren.

Beilage: Schwarzbrot

Karpfen „blau"

1 küchenfertiger Karpfen von ca. 1 1/2 kg	1/4 l Obst- oder Weinessig
	1/2 l Wasser
Salz	Zitronenscheiben, Petersilie
weißer Pfeffer	

● Den Karpfen vorsichtig innen säubern, dann unter fließendem, kaltem Wasser waschen und nur innen würzen.
● Essig mit Wasser erhitzen, den Fisch in eine größere Auflaufform legen und mit dem Sud beträufeln. Bei 180-200 °C in 40-50 Minuten im Backofen offen dünsten, dabei gelegentlich übergießen. Der Fisch ist gar, wenn sich die Rückenflosse leicht lösen läßt.
● Mit Zitronenscheiben und Petersilie garniert servieren.

Beilage: Salzkartoffeln, Salat

Hecht in Schmandsoße

1 küchenfertiger Hecht von ca. 1,5 kg	125 g Schmand (dicke, saure Sahne oder Crème fraîche)
2-3 EL Zitronensaft	
1 TL Salz	1 EL Mehl
125 g fetter Speck	etwas trockener Weißwein
75-80 g Butter	weißer Pfeffer
1 Zwiebel	2 große, geschälte Kartoffeln
1 Karotte	

● Den Hecht gründlich unter fließendem, kaltem Wasser säubern, mit Küchenpapier trockentup-

fen, innen sowie außen mit Zitronensaft einreiben und salzen.
● Den Speck in ca. 10 cm lange Streifen schneiden und den Fisch damit spicken.
● Die Bratpfanne des Backofens mit etwas Butter einfetten. Die Kartoffeln an einer Seite glattschneiden, in die Pfanne geben und den Hecht mit der offenen Bauchseite daraufsetzen.
● Die restliche Butter erwärmen und damit den Fisch gleichmäßig bestreichen. Die geschälte, geviertelte Zwiebel und die geputzte, halbierte Karotte dazulegen.
● Bei 200-220 °C den Fisch im vorgeheizten Backofen in ca. 40-50 Minuten offen braten, dabei gelegentlich begießen.
● Schmand mit Mehl glattrühren und ca. 15-20 Minuten vor Ende der Bratzeit über dem Fisch verteilen.
● Zum Servieren den Hecht vorsichtig aus der Pfanne heben, den Fond aufkochen, evtl. noch etwas binden und mit Weißwein verfeinern. Nochmals abschmecken und separat zum Fisch servieren.
Beilage: Salzkartoffeln, grüner „Zelot" (Salat)

„Ditschhering"

4 Salzheringe	weißer Pfeffer
2-3 EL Zitronensaft	3 Zwiebeln
100 g magerer, geräucherter Speck	2 EL geh. Petersilie
	125 g weiche Butter

● Die Salzheringe ausnehmen, gründlich waschen, dann etwa 3-4 Stunden lang wässern. Anschließend häuten, entgräten und in sehr kleine Würfel schneiden. Mit dem Zitronensaft vermischen und pfeffern.
● Den Speck fein würfeln, die Zwiebeln schälen und hacken. Die Butter sehr cremig rühren, mit allen anderen Zutaten mischen und zuletzt den Hering dazugeben.

Beilage: Frisch gekochte Pellkartoffeln oder knuspriges Bauernbrot

Thüringer Rostbratwurst

Neben zahlreichen, anderen Wurstsorten ist vor allem die Rostbratwurst eine Art „Markenzeichen" Thüringens. Sie ist weit über die Grenzen des Landes hinaus bekannt und ebenso beliebt. Historiker fanden heraus, daß sie bereits im Jahre 1613 erstmalig in einer „Ordnung für das Fleischerhandwerk zu Weimar" erwähnt wird. Noch heute bezeichnet man die Gegend um Jena, Saalfeld, Rudolfstadt sowie Weimar als „Bratwurstwinkel". Bei der Thüringer Rostbratwurst handelt es sich um eine kräftige, mit Salz, Pfeffer, Majoran sowie Kümmel gewürzte Wurst, die unter Verwendung von Kalb-, Rind- und Schweinefleisch hergestellt wird.

Auf keinem Markt oder Volksfest darf Sie fehlen! Ihren besonders typischen Geschmack erhält sie jedoch erst durch die Zubereitung über einem mit Tannenzapfen beheizten, offenen Holzkohlefeuer.

Serviert werden die gebratenen oder gegrillten Rostbratwürste am besten zusammen mit etwas Senf in einer aufgeschnittenen Semmel oder mit Sauerkraut („Dämpfkraut") und Kartoffelbrei.

Thüringer Rotwurst
mit süß-sauren Linsen

300 g getrocknete Linsen	100-125 ml Wein- oder Obstessig
1 1/4 l Wasser	
1 1/4 l Fleischbrühe	125 g magerer, geräucherter Bauchspeck
weißer Pfeffer	
4-6 mittelgroße Kartoffeln	4 mittelgroße Zwiebeln
Salz, 1 EL Zucker	120 g Butter, 3 EL Mehl
frisch geriebener Muskat	500 g Thüringer Rotwurst

● Die Linsen verlesen, gründlich waschen, abtropfen lassen und über Nacht in kaltem Wasser einweichen. Mit dem Einweichwasser sowie der Fleischbrühe in einen hohen Topf geben, pfeffern und ca. 30-40 Minuten lang kochen lassen.

● Inzwischen die Kartoffeln schälen, würfeln, waschen, abtropfen lassen

und zur Suppe geben. Mit Salz, Zucker, Muskat und Essig würzen. Etwa 30 Minuten lang auf niedriger Stufe weiterkochen lassen, dabei gelegentlich umrühren.

● Den Speck fein würfeln und in einer Pfanne ausbraten. Die Zwiebeln schälen und in feine Ringe schneiden. Die Hälfte davon zum Speck geben, zuletzt ein Stück Butter und 1 EL Mehl dazugeben. Gut durchmischen und in die Suppe einrühren.

● Die restlichen Zwiebelringe in Mehl wenden und in heißer Butter ausbraten, zuletzt leicht salzen.

● Die Rotwurst abhäuten, in Scheiben schneiden und auf tiefere Teller verteilen. Die heiße, inzwischen eingedickte Suppe dazugeben und mit den gerösteten Zwiebelringen garnieren.

Beilage: Ein herzhaftes Roggen-Mischbrot oder Salzkartoffeln

Variationen:
Die Thüringer Rotwurst läßt sich für eine Vielzahl

verschiedener Gerichte verwenden. Aus etwa 500 g, in Würfel geschnittener Wurst, mit Zwiebelringen, gehackter Petersilie sowie Essig und Öl angemacht, entsteht schnell ein schmackhafter Wurstsalat. In eine Hülle aus salzigem Blätter- oder Strudelteig eingewickelt, und anschließend bei 190-210 °C im vorgeheizten Backofen in 30-40 Minuten gebacken, läßt sich ein überaus raffinierter „Rotwurst-Strudel" (Titelmotiv) zubereiten, der am besten lauwarm serviert wird. Dazu reichen Sie ein gut gekühltes Bier und einen „grünen Zelot" (grüner Salat in Schmandsoße)

Interessant für Sie:
In Thüringen ist eine deftige Hausmannskost überaus beliebt. Die süßsauren Linsen sind hierfür ein typisches Beispiel. Sie werden gerne mit der für das Land typischen „Rotwurst" serviert. Hierbei handelt es sich um eine leicht geräucherte, eher fette Blutwurst.

Eichsfelder „Feldkicker"-Topf

250 g magerer, geräucherter Speck	Salz, weißer Pfeffer
1 Zwiebel	etwas edelsüßes Paprikapulver
1 Knoblauchzehe	250 g „Feldkicker" oder dünne, geräucherte Mettwürste
3/4 l Fleischbrühe	
450-500 g Sauerkraut	
250 g Kasseler	2 EL Schmand (dicke, saure Sahne)
1 grüne Paprikaschote	1 Prise Zucker

● Den Speck fein würfeln, in einen größeren Topf geben und anbraten. Geschälte und feingehackte Zwiebel sowie

Knoblauchzehe dazugeben, mitdünsten. Mit Fleischbrühe auffüllen. Einmal aufkochen, dann das Sauerkraut sowie das kleingeschnittene Kasseler dazugeben. Umrühren und auf niedriger Stufe ca. 30 Minuten lang garziehen lassen.

● Die Paprikaschote waschen, putzen und in Streifen schneiden. Mit den Gewürzen und den in dünne Scheiben geschnittenen „Feldkickern" bzw. Mettwürsten zum Kraut geben. Nochmals ca. 15 Minuten lang ziehen lassen, dann den Topf von der Kochstelle nehmen. Schmand mit Zucker einrühren und sofort servieren. Frisches Brot als Beilage reichen.

Interessant für Sie:
Die „Feldkicker" (auch: Feldgicker) sind luftgetrocknete, salamiähnliche Würste, hergestellt aus magerem Schweinefleisch. Sie wurden früher gerne von den Bauern zur Feldarbeit mitgenommen.

Wildhase in Wacholdersoße

2 Hasenkeulen à 700-800 g	1/4 l trockener Rotwein
Salz, schwarzer Pfeffer	1 Prise Thymian
2 EL Mehl, 2 EL Öl	1 Prise Rosmarin
150 g durchwachsener, geräucherter Speck	3 zerstoßene Pfefferkörner
	1 Nelke, 1/2 Lorbeerblatt
2 Zwiebeln	3-4 Wacholderbeeren
1-2 Knoblauchzehen nach Belieben	2 TL „Hölperle" (Preiselbeer)-Gelee
1 Zitronenscheibe	1/4 l Fleischbrühe

● Die Hasenkeulen säubern, kalt abspülen und mit Küchenpapier trockentupfen. Mit Salz sowie Pfeffer einreiben und im Mehl wenden.

● In einem Bratentopf das Öl erhitzen, gewürfelten Speck und geschälte,

feingehackte Zwiebeln darin knusprig rösten, dann herausnehmen und beiseite stellen.

● Im gleichen Geschirr das Fleisch anbraten, nach Belieben mit frisch gepreßtem Knoblauch würzen und die Zitronen-

scheibe zugeben. Den Rotwein angießen und alle anderen Zutaten hinzufügen.

● Zugedeckt bei mittlerer Hitze ca. 50-60 Minuten lang schmoren, dabei gelegentlich etwas Fleischbrühe angießen.

● Die Hasenkeulen auf einer Platte oder in einem dekorativen Geschirr anrichten und warmhalten. Die Soße durchpassieren, etwas einkochen, nochmals abschmecken,

Speck- und Zwiebelwürfel wieder dazugeben, kurz miterhitzen und über die Hasenkeulen verteilen. Sofort servieren.

Beilage: Apfel-Rotkohl, Kartoffelplätzchen

Interessant für Sie:
In den weiten, hügeligen Waldlandschaften Thüringens gibt es zahlreiche Gebiete mit reichlich Wild, so daß zur Jagdzeit eine Vielzahl von Wildgerichten angeboten werden.

Martinsgans nach alter Art

1 junge, küchenfertige Gans von ca. 4 kg	Apfelfüllung: 750 g Äpfel, z.B. Jona gold oder Boskop, Zitronensaft
Salz, weißer Pfeffer	1 Zwiebel, etwas Butter
etwas Beifuß	etwas Gänsebrühe
1/2 l - 3/4 l Brühe aus Gänseklein	1 TL Zucker
Küchengarn	1 frische Gänseleber

● Die Gans gründlich unter kaltem Wasser waschen, mit Küchenpapier trockentupfen und das Flomenfett entfernen (für Gänseschmalz ausbraten). Die Bürzeldrüse herausschneiden. Innen und außen mit Pfeffer, Salz sowie Beifuß würzen. Durchziehen lassen.

● Inzwischen die Füllung vorbereiten. Hierzu die Äpfel schälen, vierteln und vom Kernhaus befreien. Die Zwiebel schälen, fein hacken und in der Butter andünsten. Gänsebrühe, Zucker sowie die gewaschene, kleingeschnittene Gänseleber dazugeben. Zuletzt die Äpfel untermischen, dann zum Abkühlen beiseite stellen.

● Den Backofen auf 200-220 °C vorheizen.

● Die Gans füllen und die Bauchöffnung mit Küchengarn zunähen. Mit der Brustseite nach unten in ein großes Bratgeschirr oder auf den Rost über der Fettpfanne legen, dann in den Backofen einsetzen. Nach ca. 30 Minuten die Hitze auf 180-190 °C reduzieren. Ist die Oberseite gebräunt, die Gans wenden und unter gelegentlichem Begießen in ca. 3 1/2 Stunden fertigbraten. Zwischendurch mit einer spitzen Fleischgabel in die „Flanken" stechen, damit das Gänsefett gut ausbraten kann.

● Nach Ablauf der Bratzeit die Gans herausnehmen, auf eine Platte legen, das Küchengarn entfernen und die Gans im Backofen warmstellen.

● Den Bratenfond lösen und aufkochen. Die zerteilte Gans mit einem Teil der Apfelfüllung servieren und die Soße separat dazu reichen.

Beilage: Thüringer Klöße, Apfelrotkohl

Interessant für Sie:
In Thüringen wird der Brauch gepflegt, zum Martinsfest eine saftige Gans zuzubereiten. Am liebsten wird sie mit Äpfeln gefüllt und unbedingt mit den typischen „Thüringer Klößen" serviert.

Rippenbraten

1 kg Schweinerippe (Brustspitze)	2 TL schwarzer Pfeffer
	1/2 TL Majoran
3 große, säuerliche Äpfel	1 EL frisch geh. Petersilie
100 g gekochter Schinken	80 g Butterschmalz
2 TL Salz	etwas Stärkemehl

● Vom Metzger die Rippchen einsägen lassen, damit sich das Fleisch leichter verarbeiten läßt.

● Die Äpfel schälen, vierteln, vom Kernhaus befreien und blättrig schneiden. Das Fleisch innen salzen und pfeffern, mit den Apfelscheiben belegen und kleingewürfelten Schinken untermischen. Mit Majoran sowie Petersilie würzen, dann mit Hilfe von Küchengarn fest zusammenbinden.

● In einem größeren Bratentopf das Butterschmalz erhitzen, das Fleisch von allen Seiten darin anbraten, etwas Wasser angießen und zugedeckt auf niedriger Stufe ca. 1 1/2 Stunden schmoren lassen. Zwischendurch wenden und evtl. etwas Flüssigkeit nachgießen.

● Den Fond mit in kaltem Wasser angerührtem Stärkemehl binden und nochmals abschmecken.

Beilage: „Schippele" (Kartoffelsalat mit Speck), Rezept s. Seite 39 oder Stärkemehlklöße und „Dämpfkraut" (Sauerkraut)

Gefüllter Schweinerücken

1,2 kg Schweinerücken	100 g entsteinte Backpflaumen
Salz, weißer Pfeffer	400 ml heiße Fleischbrühe
1 Zwiebel	1-2 EL Stärkemehl
70 g Butterschmalz	1/2 TL Majoran
100 g gemischtes Hackfleisch	Küchengarn oder Holzstäbchen

● Das Fleisch kurz kalt abspülen und mit Küchenpapier trockentupfen. In den Schweinerücken mit Hilfe eines scharfen Messers eine ausreichend große Tasche einschneiden, dann innen und außen mit Salz und Pfeffer würzen.

● Die Zwiebel schälen und fein würfeln. In 20 g Butterschmalz glasig dünsten, dann das Hackfleisch dazugeben, mit Majoran würzen und unter beständigem Wenden ca. 5-6 Minuten anbraten. Die Pfanne von der Kochstelle nehmen, die kleingeschnittenen Backpflaumen darunterheben und gut durchmischen. Abkühlen lassen, dann locker in die

vorbereitete Fleischtasche füllen und zunähen oder feststecken.

● In einem ausreichend großen Bräter mit passendem Deckel das restliche Butterschmalz erhitzen und darin das Fleisch von allen Seiten anbraten. Mit 300 ml Fleischbrühe aufgießen, dann zudecken und im vorgeheizten Backofen bei 200-220 °C in ca. 2 Stunden fertigbraten, dabei gelegentlich mit dem Fond begießen.

● Den Braten herausnehmen, auf eine vorgewärmte Platte geben und warmhalten. Die restliche Fleischbrühe mit dem Mehl glattrühren, zum Fond gießen und aufkochen, dann abschmecken.

● Vor dem Aufschneiden das Küchengarn oder die Holzstäbchen entfernen und die Soße separat zum Fleisch servieren.

Beilage: Stärkemehlklöße, „Zockerärwes" (Zuckererbsen)

Kasseler mit Käsekruste

1 kg mageres Kasseler	1 Zwiebel
300 g Kräuter-Frischkäse	20-30 g Butterschmalz
50 g Semmelbrösel	150 ml trockener Weißwein
30 g gem. Haselnüsse	5-6 Wacholderbeeren
2 EL Milch	2 Lorbeerblätter

● Das Kasseler unter kaltem Wasser abspülen und mit Küchenpapier trockentupfen. Den Frischkäse in eine Schüssel geben, mit Semmelbröseln, Nüssen und der Milch vermischen, dann auf dem Fleisch gleichmäßig verteilen.

● Die Zwiebel schälen,

fein würfeln und in heißem Butterschmalz in einer kleinen Pfanne glasig dünsten. Weißwein, Wacholderbeeren sowie Lorbeer dazugeben, dann von der Kochstelle nehmen.

● Die Wein-Zwiebelmischung in einen Bräter (z.B. aus Ton, Glas oder

Email) geben und das Kasseler darauflegen. Im kalten Backofen bei 200-220 °C in 50-60 Minuten zugedeckt garen, dann den Deckel abnehmen und 15-20 Minuten offen fertigbraten. Vor dem Anschneiden im abgeschalteten Backofen noch 5-10 Minuten ruhen lassen.

Beilage: Kartoffelpüree, Apfel-Selleriesalat

Ilmenauer Rindsrouladen mit „Äpfles"-Füllung

4 größere Rindsrouladen
4-5 mittelgroße Äpfel z.B. Idared, Cox Orange
2 Zwiebeln
4 Scheiben Schinken
3 EL geh. Petersilie
Salz, weißer Pfeffer
500 g Tomaten
ca. 1/4 l Fleischbrühe
1 EL Schmand (dicke, saure Sahne)
1 Prise Zucker
Butterschmalz zum Braten
Küchengarn zum Festbinden

● Die Rouladen kurz kalt abspülen, mit Küchenpapier trockentupfen, dann auf der Arbeitsfläche ausbreiten.
● Die Äpfel waschen, trockentupfen, vierteln, vom Kerngehäuse befreien und in dünne Spalten schneiden. Die Zwiebeln schälen und feinhacken.

● Die Rouladen salzen und pfeffern, dann mit Schinkenscheiben belegen, einige Apfelspalten sowie Zwiebelwürfel und die Petersilie darauf verteilen. Aufrollen, mit Küchengarn umwickeln und in heißem Butterschmalz von allen Seiten kräftig anbraten.

● Die Tomaten waschen, vierteln und mit den restlichen Apfelspalten sowie Zwiebelwürfeln zu den Rouladen geben. Unter beständigem Rühren mitdünsten. Mit der heißen Fleischbrühe ablöschen und auf niedriger Stufe ca. 1 1/2 Stunden lang schmoren lassen.

● Das Fleisch herausnehmen, vom Küchengarn befreien, den Soßenfond pürieren oder durch ein Sieb passieren, Schmand unterziehen und mit Salz, Pfeffer sowie Zucker abschmecken.
Beilage: Salzkartoffeln, grüner „Zelot" (Salat) mit Schmandsoße

„Schäferbraten" in Buttermilch
(Lammbraten)

1 Lammkeule von ca. 1,2 kg ohne Knochen	2 Zwiebeln
3-4 Knoblauchzehen	2-3 Lorbeerblätter
Salz, weißer Pfeffer	etwas Nelkenpulver
edelsüßes Paprikapulver	6 EL Öl
1 1/4 l Buttermilch	3 EL Schmand
	1-2 EL Stärkemehl

● Die Lammkeule kurz kalt abspülen und mit Küchenpapier trockentupfen, dann mit den geschälten, halbierten Knoblauchzehen spicken und mit Salz, Pfeffer sowie Paprikapulver einreiben.

● In ein ausreichend großes Gefäß (Bräter aus Keramik oder Email) legen. Die Buttermilch mit geschälten, feingehackten Zwiebeln, Lorbeerblättern und etwas Nelkenpulver würzen, über das Fleisch geben und 2-3 Tage zugedeckt an einem kühlen Ort stehen lassen. Dabei gelegentlich wenden.

● Die Lammkeule aus der Marinade nehmen, abtropfen lassen und in heißem Öl scharf anbraten, dabei häufig wenden. Nach und nach ca. 1/2 l Marinade angießen und zugedeckt in ca. 1 1/2 Stunden weichgaren.

● Das Fleisch auf eine Platte geben und in Scheiben schneiden. Die Soße mit Schmand sowie in kaltem Wasser angerührtem Stärkemehl binden, einmal aufkochen lassen, nochmals abschmecken und separat zum Fleisch servieren.

Beilage: Salzkartoffeln, grüne Bohnen

Thüringer „Rostbrätel"

4 Scheiben Schweinenacken à 250 g	1 Prise Cayennepfeffer
schwarzer Pfeffer	Butterschmalz
2 Zwiebeln	2 EL Mehl
1/2 l dunkles Bier	4 Scheiben dunkles Roggenmischbrot
Salz, etwas Paprikapulver	2 TL Senf

● Die Fleischscheiben kurz kalt abspülen und mit Küchenpapier trockentupfen, dann pfeffern und in eine tiefe Schüssel legen. Die Zwiebeln schälen und in dünne Ringe schneiden, dann auf den Fleischscheiben verteilen. Mit dem Bier begießen und mehrere Stunden lang – am besten über Nacht – an einem kühlen Ort durchziehen lassen.

● Für die Zubereitung das Fleisch aus der Marinade nehmen, mit Salz, Paprikapulver sowie Cayennepfeffer würzen. In heißem Butterschmalz von beiden Seiten anbraten und auf niedriger Stufe durchgaren.

● Die Zwiebelringe auf Küchenpapier trocknen, dann in Mehl wenden, neben dem Rostbrätel in die Pfanne legen und mitrösten.

● Jede Fleischscheibe auf ein Stück Brot legen, mit Senf bestreichen und mit den Zwiebelringen garniert servieren.

Beilage: „Schippele" (Kartoffelsalat mit Speck, Rezept s. Seite 39)

Interessant für Sie:
Das „Rostbrätel" ist ein in Thüringen sehr beliebtes Fleischgericht. Ursprünglich wurden die Fleischscheiben, so wie die berühmten Rostbratwürste, auf dem Holzkohlengrill zubereitet.
Sie können aber auch im Elektrobackofen unter dem heißen Grill von beiden Seiten (à ca. 10 Minuten) knusprig braun gebraten werden. Dabei empfiehlt es sich, die Fleischscheiben gelegentlich mit Bier zu bestreichen.

Sauerbraten Thüringer Art

1,5 kg Rindfleisch, am besten aus der Schulter

Beize:
1/2 l bester Wein- oder Obstessig

1 l Wasser

2 Lorbeerblätter

5-6 Wacholderbeeren

5-6 zerstoßene Pfefferkörner

2 Nelken

2 mittlere Zwiebeln

2 Möhren

1/2 Stange Porree

zum Braten:
2-3 EL Butterschmalz

1/2 l Beize, durchgesiebt

50-70 g Soßenlebkuchen

Soße:
1 EL Butterschmalz

2 TL Zucker

2-3 EL Stärkemehl

ca. 1/4 l Beize, durchgesiebt

5-6 EL trockener Rotwein

2 EL Schmand (dicke, süße Sahne oder Crème fraîche)

● Das Rindfleisch kurz kalt abspülen und mit Küchenpapier trockentupfen.

● Aus Essig, Wasser, Gewürzen und geputztem sowie kleingeschnittenem Gemüse eine Beize herstellen. Das Fleisch einlegen – es soll vollkommen mit Flüssigkeit bedeckt sein – und im Kühlschrank etwa 3 Tage lang durchzie-

hen lassen, dabei gele-
gentlich wenden.

● Den Backofen auf
170-190 °C vorheizen.

● Das Fleisch aus der
Beize nehmen und mit
Küchenpapier gut trocken-
tupfen. Auf der Kochstelle
das Butterschmalz in
einem größeren, backofen-
geeigneten Geschirr er-
hitzen, das Fleisch darin

von allen Seiten scharf anbraten, mit etwas Beize ablöschen, Gemüsezutaten
und Gewürze aus der
Beize sowie den Soßen-
lebkuchen dazugeben.

● Mit aufgelegtem Deckel
ca. 2 Stunden lang im
Backofen braten, nach
halber Zeit wenden und
bei Bedarf noch etwas
Flüssigkeit angießen.

● In einem Soßentopf das Butterschmalz mit Zucker erhitzen und unter beständigem Rühren hellbraun rösten, mit Stärkemehl bestreuen und mit Beize ablöschen. Rotwein und durchpassierten Fond aus dem inzwischen entnommenen Bräter dazugeben. Mit Schmand verfeinern, nochmals abschmecken.

● Den Sauerbraten aufschneiden, auf Tellern oder auf einer Platte anrichten, mit einem Teil der Soße überziehen und die restliche Soße separat dazu reichen.

Beilagen: Thüringer Klöße oder Petersilien-Kartoffeln, „Suhler Wiersching" (Rezept s. Seite 41), dazu ein kühles Bier

Interessant für Sie:
Typisch für den Thüringer Sauerbraten ist eine reichhaltige und kräftig abgeschmeckte Soße, die vor allem durch die Verwendung von Soßenlebkuchen und in Fett geröstetem Zucker ihre schöne, dunkle Farbe erhält.

Thüringer „Rotkrautwickel"
(Rotkohlrouladen)

1 mittelgroßer Rotkohlkopf	Salz, weißer Pfeffer
Salzwasser zum Kochen	1 Prise Cayennepfeffer
1 EL Essig	zum Braten:
Füllung:	8 dünne Speckscheiben
500 g gemischtes Hackfleisch	nach Belieben
1-2 Eier	ca. 1/8 l Fleischbrühe
1/2 Bund geh. Petersilie	3 EL Butterschmalz
1 Zwiebel	100 g Schmand oder saure Sahne
1 kleine Knoblauchzehe	1 1/2 EL Stärkemehl
30-40 g Semmelbrösel	1 EL geh. Schnittlauch

● Den Strunk des Rotkohls herausschneiden, dann ca. 15 Minuten in reichlich Salzwasser unter Zugabe von Essig kochen, herausnehmen und etwa 8 größere Blätter ablösen.

● Für die Füllung alle

Zutaten verkneten und pikant abschmecken. Auf die Rotkohlblätter verteilen, vom Rand her einschlagen und nach Belieben mit je einer Speckscheibe umwickeln, dann festbinden.

● In einem größeren Schmortopf das Butterschmalz erhitzen, die Krautwickel darin anbraten, mit Brühe ablöschen und mit Salz sowie Pfeffer würzen.

● Zugedeckt bei mittlerer Hitze in ca. 45 Minuten weichgaren, dann aus dem Topf nehmen und warm stellen. Schmand mit Stärkemehl verrühren und die Soße damit binden. Einmal aufkochen. Zuletzt den Schnittlauch dazugeben.

Beilage: Salz- oder Pellkartoffeln

Interessant für Sie:
Die „Rotkrautwickel" sind in Thüringen sehr beliebt. Man bereitet sie oft auch mit einer Füllung aus gehacktem Wildfleisch zu. Die Soße wird dann mit einem guten Rotwein verfeinert.

Ochsenzunge mit Rosinensoße

Für die Zunge:	2 EL Mehl
1 Ochsenzunge (ca. 1,5 kg)	3 TL Tomatenmark
1 Bund Suppengemüse	3/4 l Kochbrühe
1 Zwiebel	150 g Rosinen
4-6 Pfefferkörner	Salz, Pfeffer
Salz, 2 l Wasser	2 EL Wein- oder Obstessig
Für die Soße: 40 g Butter	2 TL Zucker

● Die Ochsenzunge waschen, mit Küchenpapier trockentupfen und das Fett abschneiden. Das Suppengemüse putzen, waschen sowie grob zerkleinern. Die Zwiebel schälen und halbieren.

● Zunge, Gemüse, Zwiebel und Pfefferkörner in leicht gesalzenem Wasser aufkochen und auf niedriger Stufe ca. 2-3 Stunden lang köcheln lassen. Die Zunge ist gar, wenn sich die Haut an der dicksten Stelle leicht mit einem Messer lösen läßt. Die Zunge herausnehmen, in kaltem Wasser abschrecken und die Haut vorsichtig mit Hilfe eines spitzen Messers abziehen, dann zugedeckt warmstellen.

● Für die Soße die Butter in einem Topf schmelzen, das Mehl zugeben und unter beständigem Rühren goldgelb anschwitzen. Das Tomatenmark einrühren. Die Zungen-Kochbrühe langsam dazugießen, weiterrühren und zuletzt die Rosinen hinzufügen. Etwa 15-20 Minuten kochen lassen, dann mit Salz, Pfeffer, Essig sowie Zucker pikant abschmecken.

● Die Zunge quer in Scheiben schneiden und mit der Soße anrichten.

Beilage: Thüringer Klöße

„Schippele" (Kartoffelsalat mit Speck)

1 kg Kartoffeln, frisch gekocht	Salz, Pfeffer, 1 TL Zucker
	2 TL Senf, 4 EL Essig
Marinade: 1 Zwiebel, gehackt	150 g magerer, geräucherter Speck
1/8 l Fleischbrühe	2 EL Öl

● Die gewaschenen Kartoffeln in der Schale kochen, pellen und etwas abkühlen lassen. Noch warm in Scheiben schneiden und mit etwas Brühe übergießen.
● Für die Marinade den Essig mit den Gewürzen verrühren, die Zwiebeln dazugeben, den Senf sowie die restliche Brühe untermischen. Über die Kartoffeln geben.
● Den Speck fein würfeln und in heißem Öl knusprig ausbraten, zum Salat geben und alles gut unterheben. Vor dem Servieren einige Zeit im Kühlschrank durchziehen lassen.

„Dämpfkraut" (Sauerkraut)

1 kg Weiß- oder Rotkohl	1/2 TL Zucker
1 größere Zwiebel	Salz
2 EL Butterschmalz	ca. 300 ml Fleischbrühe
80 g durchwachsener Speck in Würfeln	1 EL Mehl
	2 EL Obstessig

● Den Weiß- oder Rotkohl putzen, die äußeren Blätter entfernen, vierteln, den Strunk herausschneiden und den Kohl fein raspeln. Die Zwiebel schälen und grob hacken.
● Schmalz und Speckwürfel in einem größeren Topf erhitzen, die Zwiebel mitrösten. Das Kraut dazugeben, salzen und unter beständigem Wenden gut andünsten. Mit Brühe aufgießen.
● Zugedeckt in 50-60 Minuten bei mittlerer Hitze weichgaren, dabei gelegentlich umrühren. In den letzten 15 Minuten

evtl. noch etwas Wasser angießen und mit Mehl bestreuen. Mit Essig abschmecken, dann servieren.

Variation:
Nach Belieben können Sie einen großen, in Stückchen geschnittenen Apfel untermischen oder das Gericht mit 1-2 TL Kümmel würzen, dann wird es in Südthüringen als „Kümmelkraut" bezeichnet.

Thüringer Bauernschmaus mit Champignons

150 g magerer, geräucherter Speck	1/8 l Fleisch- oder Geflügelbrühe
etwas Butter	weißer Pfeffer
2 Zwiebeln	400 g frische Champignons
1 Knoblauchzehe	
600 g grüne Bohnen	6 Basilikumblätter

● Den Speck fein würfeln und in etwas heißer Butter knusprig ausbraten. Zwiebeln sowie Knoblauch schälen, fein hacken und mit dem Speck glasig dünsten.

● Die Bohnen putzen, evtl. entfädeln, waschen und mit der Brühe dazugeben. Bei geringer Hitze etwa 30-40 Minuten lang garen, bis die Flüssigkeit fast eingekocht ist.

● Mit Pfeffer würzen, die gesäuberten, gewaschenen und dann halbierten Champignons dazugeben. Basilikumblätter darüberstreuen. Etwa 5-8 Minuten dünsten, dann servieren.

Beilage: Salzkartoffeln oder Mischbrot

Suhler „Wiersching" (Wirsing)

1 großer Wirsingkopf (ca. 1 kg)	40 g Butter
100 g magerer, durchwachsener Speck	2-3 EL Mehl
	1/8 Fleischbrühe
40 g Butter- oder Schweineschmalz	1/8 l Milch
	Salz, weißer Pfeffer
1 mittlere Zwiebel	frisch geriebener Muskat

● Den Wirsing putzen, die unbrauchbaren Blätter entfernen, vierteln und den Strunk herauslösen, dann das Gemüse grob hacken.

● Den kleingewürfelten Speck in heißem Schmalz anrösten, dann den Wirsing dazugeben und zugedeckt, unter Zugabe von etwas Wasser, ca. 15 Minuten lang dünsten.

● In einem weiteren Topf die geschälte, feingehackte Zwiebel in Butter glasig dünsten, mit Mehl bestreuen, gut durchmischen und Milch sowie Brühe angießen. Einmal aufkochen, dabei gut durchrühren, dann kräftig würzen.

● Auf niedriger Stufe etwa 10 Minuten lang ziehen lassen, danach den Wirsing dazugeben, umrühren und weitere 10-15 Minuten dünsten lassen.

Saftiger Brunnenkresse-Salat

125 g junge Brunnenkresse	3 EL Orangensaft
2 kleine Orangen	6-8 dünne Scheiben von
3 Scheiben Weißbrot	magerem, geräuchertem
4-5 EL Salat-Mayonnaise	Speck
1/2 frische Frühlingszwiebel	3-4 TL Öl, mögl. Nußöl

● Die Brunnenkresse-Blättchen von den Stielen abzupfen, waschen und mit Küchenpapier trockentupfen.

● Die Orangen schälen, zerteilen und jedes Stück filetieren (enthäuten). Die

Weißbrotscheiben würfeln.

● Aus der Salat-Mayonnaise, den gewaschenen und feingehackten Frühlingszwiebeln sowie dem Orangensaft ein Dressing anrühren.

● Die Speckscheiben in

42

Streifen schneiden und in einer Pfanne ausbraten. Gleichzeitig in einer zweiten Pfanne die Brotwürfel in heißem Öl goldbraun rösten.

● Den Salat auf vorbereiteten Tellern anrichten, das Dressing darüber verteilen, Speckstreifen, Brotwürfel und Orangenfilet dazugeben. Sofort servieren.

Interessant für Sie:

Rund um Erfurt und Eisenach befinden sich weite Gemüse-Anbaugebiete. Die vor allem an Bächen mit sauberem Wasser wachsende Brunnenkresse wird hier in großem Stil angebaut. Man behauptet, daß Sie von den Franzosen zur Zeit Napoleons hierher gebracht wurde.

Apfel-Selleriesalat

1 große Sellerieknolle	4 EL Mayonnaise
Salz	1 gestr. EL Senf
2 säuerliche Äpfel	1 Prise Zucker
1 kleine Stange Porree	weißer Pfeffer
100 g Schmand (dicke, saure Sahne)	etwas Paprikapulver
	frisch geh. Petersilie

● Die Sellerieknolle von Blättern und Wurzeln befreien, schälen, vierteln, gründlich waschen und in leicht gesalzenem Wasser nicht zu weich kochen. Abgekühlt in Würfel schneiden.

● Die Äpfel schälen, vierteln, vom Kernhaus befreien und ebenfalls würfeln. Mit dem geputzten, gewaschenen und ebenfalls in sehr feine

Scheiben geschnittenen Porree unter die Selleriewürfel mischen.

● Die Mayonnaise mit Schmand, Zucker, Senf, etwas Salz sowie Gewürzen verrühren und dazugeben.

Gut vermischen, dann im Kühlschrank einige Stunden durchziehen lassen. Mit frisch gehackter Petersilie bestreut servieren.

Gebackener Sellerie

2 Sellerieknollen (ca. 800 g)	80 g gem. Haselnüsse
Saft 1/2 Zitrone	40 g Semmelbrösel
Salz, Pfeffer	30 g geriebener Käse
2 Eier, 4 EL Mehl	Öl zum Ausbacken

● Die Sellerieknollen putzen, etwas Selleriegrün als Garnitur beiseite legen, schälen und in ca. 1 cm dicke Scheiben schneiden. Mit etwas Zitronensaft beträufeln.

● In einem größeren Kochtopf reichlich gesalzenes Wasser erhitzen, den restlichen Zitronensaft dazugeben und die Selleriescheiben hineinlegen. Etwa 5 Minuten garen.

Mit einer Schaumkelle herausnehmen, unter kaltem Wasser abschrecken und gut abtropfen lassen.

● Eier mit Pfeffer verquirlen, gemahlene Haselnüsse, Semmelbrösel und Käse mischen. Das Mehl auf einen Teller geben.

● Die gut trockengetupften Selleriescheiben zunächst in Mehl wenden, überschüssiges Mehl abklopfen, dann durch das verquirlte Ei ziehen und zuletzt in der Nuß-Käse-Mischung wenden.

● Das Öl in einer größeren Pfanne erhitzen und die Selleriescheiben portionsweise von jeder Seite ca.

3-4 Minuten goldbraun braten. Vorsichtig herausnehmen, gut abtropfen lassen und mit dem Selleriegrün oder krauser Petersilie auf einer Platte hübsch garniert servieren. Nach Wunsch mit einigen Salatblättern anrichten.

Grüner „Zelot" mit Schmand (Kopfsalat)

1 großer, frischer Kopfsalat	1/4 TL Zucker, 1 EL Zitronensaft
1/4 l Schmand oder saure Sahne	1 Prise Salz, weißer Pfeffer
1 geh. Zwiebel	1 EL frisch geh. Dill

● Den Kopfsalat putzen, die Blätter einzeln vorsichtig waschen und gut abtropfen oder trockenschleudern.
● In einer Rührschüssel

den Schmand oder die saure Sahne mit Zwiebeln, Zucker, Zitronensaft, Gewürzen sowie Dill verrühren und die Salatblätter untermischen. Sofort servieren.

„Zockerärwes" (Zuckererbsen)

1 1/2 kg frische Erbsen (mit Hülsen)	1/8 l Wasser oder Fleischbrühe
40 g Butter	ca. 1 TL Zucker
Salz	frisch geh. Petersilie

● Die Erbsen enthülsen, gründlich waschen und gut abtropfen lassen. In einem mittleren Kochtopf die Butter erhitzen, die Erbsen hineingeben und unter beständigem Rühren andünsten.

● Die Flüssigkeit angießen, mit Salz sowie Zucker würzen und auf niedriger Stufe ca. 15-20 Minuten dünsten.
● Mit gehackter Petersilie bestreut servieren.

Harzer Pilzpfanne

1 kg gemischte Pilze (z.B. Steinpilze, Rotkappen, Pfifferlinge oder Wiesenchampignons)

1 mittlere Zwiebel

80 g Butter

Salz

175 g Schmand (dicke, saure Sahne oder Crème fraîche)

weißer Pfeffer

2-3 EL geh. Petersilie

etwas frisch gepreßter Knoblauch nach Belieben

● Die verschiedenen Pilze putzen und schnell unter fließendem, kaltem Wasser waschen. Gut abgetropft, je nach Größe, in Stücke schneiden.
● Die Zwiebel schälen, fein würfeln und in einem großen Topf in der Butter glasig dünsten. Die Pilze dazugeben und etwa 10 Minuten lang mitgaren lassen.
Dann den Schmand einrühren, kräftig würzen, mit Petersilie und – nach Belieben – mit etwas Knoblauch abrunden.
● Noch einige Minuten auf niedriger Stufe fertiggaren lassen, dabei gelegentlich umrühren.

Pellkartoffeln mit Quark

ca. 800 g Kartoffeln, mögl. gleichgroß

Salz, Kümmel nach Belieben

Für den Quark:
30 g weiche Butter

250 g Quark (20%), gut abgetropft

ca. 5 EL Milch oder Schmand (dicke saure Sahne)

Salz, weißer Pfeffer

1/2 geh. Zwiebel

2 EL geh. Kräuter oder Schnittlauch

● Die Kartoffeln gut waschen, bürsten, in wenig Wasser unter Zugabe von Salz und – nach Belieben – etwas Kümmel in ca. 30-40 Minuten zugedeckt weichgaren.
Abgießen, kurz abdämpfen lassen und pellen.
● Für die Beilage zunächst die Butter sehr schaumig rühren, dann den Quark sowie alle weiteren Zutaten untermi-

schen. Zusammen mit den Pellkartoffeln servieren.

Tip:
Sie können den Quark auch mit edelsüßem Paprikapulver, in Scheiben geschnittenen Gurken oder Radieschen, gewürfelten Tomaten oder Paprikaschoten, Essiggurken sowie kleinen, ausgebratenen Speckstückchen oder Kresse mischen.

Apfelrotkohl

1 kg Rotkohl	4 EL Rotwein
50 g Fett (Gänse- oder Butterschmalz)	Salz, weißer Pfeffer
1-2 Zwiebeln, gehackt	1 Lorbeerblatt
3 säuerliche Äpfel (z.B. Boskop)	3-4 Pimentkörner
1 EL Zucker	1-2 Gewürznelken
2 EL Obst- oder Weinessig	2 EL Preiselbeeren
	ca 1/4 l Wasser

● Den Rotkohl putzen, die äußeren Blätter entfernen, dann vierteln und in feine Streifen hobeln.

47

● In einem Schmortopf das Fett erhitzen und die Zwiebeln darin glasig dünsten. Die Äpfel schälen, vierteln, vom Kerngehäuse befreien und in Spalten schneiden. Mit dem Zucker zu den Zwiebeln geben und mitdünsten, dann erst den vorbereiteten Rotkohl hinzufügen und unter beständigem Wenden garen lassen.

● Essig, Rotwein, Gewürze und Preiselbeeren dazugeben. Mit Wasser aufgießen, dann bei mittlerer Stufe in ca. 40-50 Minuten fertigkochen, dabei gelegentlich umrühren und evtl. noch etwas Wasser zugeben.

Thüringer Klöße

1,5 kg rohe, mehlige Kartoffeln

500 g gekochte Kartoffeln (vom Vortag)

1/4 l Milch

1 EL Salz

1-2 altbackene Semmeln

40 g Butter

ca. 5 l Salzwasser zum Kochen

● Die rohen Kartoffeln schälen und in eine größere Schüssel mit kaltem Wasser reiben. Hierzu am besten die Küchenmaschine einsetzen, dann gut durchmischen und stehenlassen, bis sich die Masse mitsamt der Stärke abgesetzt hat. Das überstehende, meist schaumige Wasser vorsichtig abgießen. Anschließend die Kartoffeln in ein sauberes Leinentuch oder ein Stoffsäckchen geben. Kräftig ausdrücken und dabei die Flüssigkeit auffangen.

● Hat sich die Kartoffelstärke am Boden abgesetzt, das überschüssige Wasser abgießen und die rohen sowie inzwischen ebenfalls geriebenen, gekochten Kartoffeln dazugeben.

● Die Milch erhitzen, hinzugießen, salzen und alles zu einem glatten, weichen Teig verkneten.

● Die Semmeln würfeln und in der Butter goldgelb rösten. Die Klöße mit nassen Händen ausformen, in die Mitte jeweils einige Semmelwürfel geben und nacharbeiten.

● In einem größeren, breiten Topf reichlich gesalzenes Wasser aufkochen, die Klöße mit Hilfe eines Schaumlöffels vorsichtig einlegen.

● In 15-20 Minuten auf niedriger Stufe behutsam garen, dann herausheben, gut abtropfen lassen und sofort servieren.

Beilage zu: Sauerbraten, Schweine- sowie Geflügelbraten

Tips zum Klöße kochen:
● Je Person rechnet man 2-3 große Kartoffeln, wie beschrieben, wird 1/3 gekocht, der Rest roh verarbeitet.

● Das Formen der Klöße geht leicht, wenn die Hände vorher in kaltes Wasser getaucht werden.

● Die vorgekochten Kartoffeln lassen sich auch zu Brei gestampft verwenden.

● Für das Gelingen der Klöße ist es wichtig, daß die Kloßmasse absolut klumpenfrei ist.

● Das Kochgeschirr sollte ausreichend groß sein, so daß sich die Klöße beim Kochen nicht berühren.

● Die Klöße dürfen nicht kochen, sondern sollen eher garziehen.

Interessant für Sie:
Die „echten" Thüringer Klöße müssen locker, weich sowie zart sein und eine weiße oder eher gelbliche Farbe aufweisen. Ei oder Fett gehören daher nicht in die Kloßmasse. Frisch serviert schmecken Sie am besten und werden gerne zu Gerichten mit viel Soße serviert (z.B. Gulasch, Kalbs- oder Sauerbraten) Sollten dennoch ein paar Klöße übrig bleiben, so schneidet man sie in Scheiben, brät sie in heißem Fett und serviert

Spiegelei oder Salat dazu. Auch ist für die Thüringer Klöße die Bezeichnung „grüne Klöße" ein üblicher Begriff, da sie sich beim Abkochen – je nach verwendeter Kartoffelsorte – leicht grünlich färben können.
Im Süden Thüringens werden sie auch „Hütes" oder „Hüts" genannt.

Watteklöße

Das sind Thüringer Klöße, die nach dem Ausformen zusätzlich noch durch reichlich Mehl gewälzt werden, bevor man sie in das heiße Salzwasser gibt. So erhalten sie ein schönes, weißes und watteähnliches Aussehen.

Stärkemehlklöße

1 kg mehlig kochende Kartoffeln	frisch geriebener Muskat
200-250 g Stärkemehl	ca. 3/8 l heiße Milch
1-2 TL Salz	ca. 3 l Salzwasser zum Kochen

● Die Kartoffeln waschen, in der Schale weichkochen, schälen, durchpressen, dann leicht ausdampfen lassen und anschließend mit Stärkemehl, Salz sowie Muskatnuß vermischen.

● Die heiße Milch gleichmäßig darüber verteilen und alles gut verkneten, dazu am besten den Elektroquirl einsetzen.

● Die Knödel ausformen und in heißem, nicht mehr kochendem Salzwasser 15-20 Minuten lang garziehen lassen.

● Mit Hilfe eines Schaumlöffels herausheben und sofort servieren.

Tip:
Lassen Sie die fertig gekochten Klöße nicht zu lange im Wasser liegen, sonst werden sie hart. Sie können auch diese Klöße mit gerösteten Semmelwürfelchen füllen.

Kartoffel- „Dätscher"
(Reibekuchen)

500 g mehlige Kartoffeln (mehlige Sorte)	Mehl
	1 Zwiebel, 1-2 Eier
250 g gekochte Kartoffeln	Salz, weißer Pfeffer, Muskat
200 g gut abgetropfter Quark	Öl oder Butterschmalz zum Ausbacken

● Die Kartoffeln schälen, waschen, gut abtropfen lassen und fein reiben. Etwas stehen lassen, dann die Flüssigkeit abgießen. Die gekochten Kartoffeln ebenfalls schälen und reiben. Mit dem Quark zu der Rohmasse geben und zur Bindung etwas Mehl darüberstreuen.

● Geschälte, feingehackte Zwiebel und Ei sowie Gewürze hinzufügen und die Mischung gleichmäßig durchkneten.
● Öl oder Schmalz in einer größeren Pfanne erhitzen, die Kartoffelmasse löffelweise hineingeben, flach drücken und rund ausbreiten.

● Auf beiden Seiten langsam knusprig ausbraten, damit die Masse ausreichend gart. Noch heiß servieren.

Tip:
Bereits fertige „Dätscher" nebeneinander auf ein Backblech legen und im vorgeheizten Backofen warmhalten. Mit Apfelmus, eingemachten „Hölperle" (Preiselbeeren) servieren oder als Beilage zu Schmorbraten bzw. Gemüsegerichten reichen.

„Hutzeln" und Hefeklöße nach alter Art (Dörrobst)

Für die „Hutzeln":	Für die Hefeklöße:
300 g gemischtes Backobst, z.B. Zwetschen (Pflaumen), Äpfel, Birnen	500 g Mehl
1/4 l trockener Weißwein	30 g Hefe
1/2 l Wasser	ca. 1/4 l lauwarme Milch
1 TL abgeriebene Schale einer unbeh. Zitrone	1/2 TL Salz, 1/4 TL Zucker
etwas Stangenzimt	1-2 Eier
2 EL Zucker	4 altbackene Semmeln nach Belieben
	2 EL Zimtzucker

● Für die Beilage das Backobst gründlich waschen und in einer Mischung aus Wein sowie Wasser etwa 2 Stunden lang einweichen lassen. Anschließend alles in einen Topf umfüllen und unter Zugabe von Zitronenschale sowie Zimt zum Kochen bringen. Die Kochstelle herunterschalten und das Obst auf niedriger Stufe langsam weichkochen, dann abkühlen lassen.

● Inzwischen aus gesiebtem Mehl, zerbröckelter und in lauwarmer Milch aufgelöster Hefe, Salz, Zucker sowie Ei einen weichen Hefeteig zubereiten. Gut durchkneten und zugedeckt an einem warmen Ort ca. 30 Minuten lang gehen lassen.

● Nach Belieben würfelig geschnittene Semmeln unterkneten und die Mischung nochmals ca. 15 Minuten lang stehen lassen.

● Reichlich gesalzenes Wasser erhitzen. Mit Hilfe eines großen Löffels Teigportionen abstechen und vorsichtig mit bemehlten Händen zu Klößen ausformen. Diese in das Wasser geben, einmal aufkochen lassen und auf niedriger Stufe ca. 20 Minuten garen, dabei einmal vorsichtig wenden.

● Die Klöße mit Hilfe einer Schaumkelle herausheben, gut abgetropft auf Tellern verteilen, mit Zimtzucker bestreuen und das vorbereitete Backobst dekorativ dazulegen. Noch warm servieren.

Interessant für Sie:

Gedörrtes (getrocknetes) Obst bezeichnet man fast überall in Thüringen als „Hutzeln". Auch heute noch ist es in einigen ländlichen Regionen üblich, das im Herbst anfallende Obst zu trocknen und – an langen Schnüren aufgereiht – für winterliche Speisen zu bevorraten. Die „Hutzeln" werden dann als Beilage zu Klößen serviert, zu gebratenem Schweinefleisch gereicht oder zu einem weihnachtlichen „Hutzelbrot" (Früchtebrot) verarbeitet.

„Hiftenmus" (Hagebuttenmus)

400 g frische Hagebutten	3 EL Zitronensaft
80-100 g Zucker	1 halbe Stange Zimt

● Die Hagebutten verlesen, gründlich waschen, entstielen, halbieren und entkernen. Mit den übrigen Zutaten in einen größeren Topf geben und unter Zugabe von etwas Wasser weichkochen.

● Durch ein Metallsieb passieren, nochmals kurz erhitzen und anschließend in gut schließende Gläser füllen. Kühl aufbewahren.

Eingemachte „Hölperle"
(Preiselbeeren)

1 kg frische „Hölperle" (Preiselbeeren)	1-2 EL Zitronensaft
1 kg Gelierzucker	abgriebene Schale 1/2 unbehandelten Zitrone

● Die Preiselbeeren gründlich verlesen, waschen, abtropfen lassen und mit Hilfe einer Gabel oder eines Kartoffelstampfers grob zerdrücken.

● In eine Schüssel umfüllen, Zucker, Zitronensaft sowie -schale darübergeben und einige Stunden lang durchziehen lassen.

● In einen größeren Topf geben, unter beständigem Rühren zum Kochen bringen, die Kochstelle ausschalten und etwa 5-8 Minuten ziehen lassen, dann in gut gesäuberte Schraubgläser füllen und sofort verschließen.

Ruhlaer „Tüschel" mit Himbeeren

6-7 altbackene Semmeln	2 EL Rum
ca. 1/2 l Milch	50 g gem. Mandeln
4 Eier	400 g frische Himbeeren
1 Prise Salz	2 EL Semmelbrösel
100 g Zucker	1 EL Zucker
1 Pa Vanillezucker	30 g Butter

● Die Semmeln in dünne Scheiben schneiden und in eine größere Schüssel geben.

● Milch, Eier, Salz, Zucker, Vanillezucker und Rum gut verrühren. Hierzu am besten den Elektroquirl einsetzen. Diese Mischung gleichmäßig über die Semmeln gießen, gut durchmischen, dann einige Zeit ziehen lassen und die Mandeln unterrühren.

● Eine etwas höhere, möglichst runde Auflaufform einfetten, die Hälfte

der Semmelmasse hinein-
geben, darauf einen Teil
der gewaschenen, gut
abgetropften Himbeeren
verteilen und mit der
restlichen Semmelmasse
abdecken. Obenauf die
übrigen Himbeeren geben
und Semmelbrösel, Zucker
sowie Butterflöckchen
darüber verteilen.

● Bei 180-200 °C im
vorgeheizten Backofen
zubereiten. Nach Belieben
zuletzt nur mit zugeschal-
teter Oberhitze noch
einige Minuten überkru-
sten. Warm servieren.

Tip:
Den „Tüschel" können Sie
auch mit Sauerkirschen
oder Brombeeren zuberei-
ten. Zum fertigen Gericht
servieren Sie am besten
flüssige, süße Sahne. Wird
der „Tüschel" ohne Zucker,
Mandeln und Früchte
gebacken, so reicht man
Schinken und Kopfsalat
(grüner „Zelot") dazu.

Zwetschenmus
nach alt-thüringer Art (Pflaumenmus)

3 kg Zwetschen	gem. Nelken
ca. 500 g Zucker	Zimt oder 1 Stückchen Stangenzimt
ca. 150 g brauner Kandis	
etwas Anis oder 1/2 Pa Lebkuchengewürz	Schale 1 ungespritzten Zitrone

● Die Zwetschen gründlich waschen, gut trockenreiben, dann halbieren, entsteinen und grob zerschneiden.

● Mit dem Zucker in einen großen Topf geben, gut durchmischen und - am besten über Nacht - mehrere Stunden lang durchziehen lassen.

● Kandis und Gewürze dazugeben, dann einmal aufkochen und unter beständigem Rühren etwa 2 Stunden lang auf niedriger Stufe dick einkochen. Wird das Mus zu fest, etwas Wasser oder Rotwein zugeben.

● Noch heiß in vorbereitete, saubere Schraubgläser füllen und verschließen.

Probe:
Wird der Löffel aus der Masse gehoben und fällt dann das Mus in dicken Klumpen zurück, so ist die Beschaffenheit genau richtig.

Interessant für Sie:
In Thüringen serviert man das Zwetschenmus gerne zu Hefeklößen oder verwendet es einfach als Brotaufstrich. Auch ein Blechkuchen, etwa 2 cm dick mit Mus bestrichen und darüber mit einem Eier - Schmandguß abgedeckt („Muskuche" genannt), ist überaus beliebt. Übrigens: im Süden des Landes bezeichnet man das Zwetschenmus auch als „Quetschgerschbrei".

Gebackene „Hollerträubel"

12 frisch gepflückte Holler- blüten (Holunderblüten)	2 TL Öl
	1 Prise Salz
200 g Mehl	Zucker
2-3 Eier	Fett zum Ausbacken
1/8 l Milch	Staubzucker (Puder- zucker) zum Bestreuen
3 EL Rum	

● Die Hollerblüten mit einem etwa 15 cm langen Stengel abschneiden, dann kurz kalt abspülen und gut ausschütteln.

● Mehl, Eier, Milch, Rum, Öl sowie Salz zu einem dickflüssigen Teig verrühren und mindestens 30 Min. lang stehen lassen.

● Das Ausbackfett erhitzen. Die Blütendolden am Stiel anfassen, einzeln in den Teig eintauchen und hellgelb ausbacken.

● Mit Staubzucker bestreuen und heiß servieren.

Süss-saure Zwetschen mit Rotwein

2,5 kg feste, große und gut reife Zwetschen (Pflaumen)	400 g brauner Kandis oder 1 kg Zucker
1/4 l Wein- oder Obstessig	3-4 Nelken, 1 Zimtstange
1/4 l Wasser	3/8 l trockener Rotwein

● Die Zwetschen entstielen, gründlich waschen, abtropfen lassen, trockenreiben, einschneiden und so entkernen, daß die Früchte noch zusammenhalten.

● Essig, Wasser, Kandis oder Zucker, Nelken und Zimt in einen größeren Topf geben. Aufkochen, abschäumen und die Früchte jeweils in kleinen Portionen zum Sud geben. Gut durchkochen lassen, herausheben und in vorbereitete Glas-oder Steinguttöpfe füllen.

● Zuletzt den Rotwein in die Kochflüssigkeit geben, kurz unterhitzen, die Mischung durchsieben und über die Zwetschen verteilen. Schraubgläser noch heiß verschließen, Steinguttöpfe mit einem Tuch zubinden. Kühl und trocken aufbewahren.

Interessant für Sie:
Die reiche Obsternte im Herbst erfordert es, viele

Früchte für eine längere Zeit haltbar zu machen. Eine beliebte Methode in Thüringen ist, reife Zwetschen süß-sauer einzulegen, um sie später zu Fleischgerichten oder auch einfach als Kompott zu servieren. Auf gleiche Art lassen sich auch frische „Hölperle" (Preiselbeeren) – am besten in Kombination mit frischen Birnen – verarbeiten.

Pfeffernüsse

4 Eier	Pfeffer
500 g feiner Zucker	50 g geh. Zitronat
abgeriebene Schale 1 unbehandelten Zitrone	50 g geh. Orangeat
1 Prise Salz, je 1 Msp. Nelken, Kardamom,	50 g gem. Mandeln, 1 TL Hirschhornsalz in 2 EL Rum gelöst
Muskatblüte, Ingwer	ca. 500 g Mehl

● Das Backblech mit Butter einfetten und dünn mit Mehl bestäuben.

● Eier und Zucker in eine Rührschüssel geben und mit dem elektrischen Handquirl sehr schaumig schlagen. Alle Gewürze, Zitronat, Orangeat, Mandeln und das Hirschhornsalz zugeben.

● Das gesiebte Mehl nach und nach untermischen. Den Teig gleichmäßig durchkneten, dann auf bemehlter Arbeitsfläche ca. 1 cm dick ausrollen und walnußgroße Pfeffernüsse ausstechen. Diese im Abstand von ca. 3 cm auf das Backblech legen und – am besten über Nacht – an einem kühlen Ort trocknen lassen.

● Den Backofen auf 130-150 °C vorheizen und die Pfeffernüsse in ca. 17-22 Minuten hellbraun backen. Abgekühlt in gut schließenden Metalldosen aufbewahren und vor dem ersten Probieren ca. 2 Wochen lang lagern.

Gehlberger Blaubeer-Käsekuchen

Teig:

350 g Mehl

1 Prise Salz, 1 Ei

80 g Zucker

1 Pa Vanillezucker

175 g Butter

Butter und 1-2 EL Semmelbrösel für die Form

Belag:

30 g blättrige Mandeln

70 g Butter

200 g Zucker

3 Eier

abgeriebene Schale 1 unbehandelten Zitrone

2 EL Zitronensaft

800 g Quark, gut abgetropft

500 g frische Blaubeeren

150 g Zucker

3 EL Zitronensaft

● Gesiebtes Mehl, Salz, Eier, Zucker und Vanillezucker in eine hohe Rührschüssel geben. Die in Flöckchen zerteilte Butter darüber verteilen und alles zu einem glatten Teig verarbeiten. Hierzu am besten den Elektroquirl mit Knethacken einsetzen. Den Teig dann ca. 20-30 Minuten lang kühl stellen. Inzwischen eine Springform (ø 26 cm) einfetten und mit Semmelbröseln ausstreuen.

● 2/3 des Teiges am Boden der Form ausbreiten, den Rest zu einer Rolle formen, diese an den Rand der Backform legen und etwa 2-3 cm hochdrücken. Den Boden

mehrfach mit einer Gabel einstechen und mit Mandelblättchen ausstreuen.

● Den Backofen auf 160-180 °C vorheizen.

● Für den Belag Butter, Zucker, Eier, Zitronenschale und -Saft verrühren, bis die Masse schön cremig ist. Den gut abgetropften Quark löffelweise dazugeben und weiterrühren. In die Backform füllen und glattstreichen.

● Den Kuchen in 60-70 Minuten goldbraun backen und anschließend noch etwa 20 Minuten im ausgeschalteten Backofen ausdampfen lassen.

● Inzwischen die Blaubeeren verlesen, waschen gut abtropfen lassen und unter Zugabe von Zucker sowie Zitronensaft langsam aufkochen, dabei gelegentlich umrühren. Abkühlen und auf dem fertig gebackenen Kuchen verteilen, dann erst aufschneiden und frisch servieren.

Dornburger „Schneewittchenkuchen"

Teig:

300 g Butter

300 g Zucker

5 Eier

300 g Mehl

80 g Stärkemehl

1 Pa. Backpulver

3 EL Kakao

1 1/2 kg entsteinte Kirschen

Creme:

1 Pa. Puddingpulver (Vanille)

1/2 l Milch

3 EL Zucker, 250 g Butter

zum Überziehen:

200 g Schokoladen - Kuvertüre

etwas Milch

gehackte Pistazienkerne zum Bestreuen

● Die Butter in eine Rührschüssel geben und am besten mit dem elektrischen Handrührer sehr cremig schlagen. Nach und nach Zucker sowie Eier dazugeben, weiterrühren.

● Das gesiebte Mehl mit dem Backpulver mischen. Die Hälfte des Teiges auf einem gefetteten und bemehlten Backblech verstreichen. Unter den restlichen Teig den Kakao geben und ihn schön dunkel färben. Auf dem hellen Teig verteilen, dann die gut abgetropften Kirschen darauf geben.

● Bei 180-200 °C im vorgeheizten Backofen in etwa 30-40 Minuten backen, kurz abdampfen und auf einem Kuchengitter auskühlen lassen.

● Für die Creme den Pudding nach Packungsanweisung zubereiten, in eine Porzellanschüssel füllen und abkühlen lassen, dabei gelegentlich umrühren. Die Butter sehr schaumig schlagen, dann eßlöffelweise den Pudding dazugeben und alles zu einer glatten, feinen Creme vermischen. Diese auf den erkalteten Kuchen streichen.

● Die Kuvertüre im Wasserbad unter Zugabe von

etwas Milch langsam schmelzen, rasch über die Buttercreme verteilen, kalt stellen und fest werden lassen. Zuletzt gehackte Pistazien aufstreuen.

● In ca. 8 x 5 cm große Stücke schneiden, frisch servieren.

Tip:
Anstelle der Kuvertüre können Sie auch 100 g geraspelte Schokolade aufstreuen.

„Krömpeleskuche" (Streuselkuchen)

Teig:
250 g weiche Butter oder Magerine

150 g Zucker

2 Pa. Vanillezucker

abgeriebene Schale 1 unbehandelten Zitrone

1 Eigelb

375 g gesiebtes Mehl

50 g gemahlene Mandeln

2 gestr. TL Backpulver

Füllung:
1 Glas Kirschen (370 g Abtropfgewicht)

1/2 Glas Kirsch-Marmelade (ca. 200 g)

1 - 2 EL Puderzucker zum Bestreuen

● Die weiche Butter oder Margarine in eine Rührschüssel geben und sehr cremig rühren. Hierzu am besten den elektrischen Handquirl einsetzen. Zucker, mit Vanillezucker gemischt, unter ständigem Rühren in das geschlagene Fett einrieseln lassen. Anschließend die geriebene Zitronenschale sowie das Eigelb dazugeben und kurz unterrühren.

● Gesiebtes Mehl, gemahlene Mandeln und Backpulver mischen. 2/3 davon unter die vorbereitete Masse rühren. Das restliche Mehl - Mandelgemisch dazugeben und von Hand locker untermischen, dabei etwas zusammenkneten, so daß ein krümeliger Teig entsteht.

● Den Boden einer Springform (ø 26 cm) gut einfetten und 2/3 des Teiges gleichmäßig darauf verteilen.

● Für die Füllung die Kirschen auf ein Sieb geben, abtropfen lassen und den Saft auffangen. Die Konfitüre in eine kleine Schüssel geben, mit wenig Saft verrühren, die Kirschen dazugeben und vorsichtig untermischen.

● Die Füllung eßlöffelweise auf dem Teig verteilen und darauf den restlichen Streuselteig geben.

● Den Kuchen im vorgeheizten Backofen bei 180-200 °C in 50-60 Minuten backen, dann herausnehmen, etwa 30 Minuten abkühlen lassen und aus der Form nehmen.

● Kurz vor dem Servieren mit Puderzucker bestreuen.

Bienenstich

Hefeteig:	knapp 1/4 l lauwarme Milch
500 g Mehl	
30 g Hefe	1/2 TL Salz
ca. 80 g Zucker	100-125 g zerlassene Butter
2-3 Eigelb	

Belag:

100 g Butter

150 g Zucker

6 EL Milch

200 g gehobelte Mandeln

Füllung:

1 Eigelb

50 g Zucker

1 Pa. Puddingpulver (Vanillegeschmack)

1/2 l Milch

1 Prise Salz

125 g weiche Butter

1 Pa. Vanillezucker

● Das Mehl in eine Schüssel sieben, in die Mitte eine Vertiefung eindrücken, zerbröckelte Hefe mit 1 EL Zucker und einigen Eßlöffel lauwarmer Milch in die Mulde geben und mit etwas Mehl vom Rand zu einem weichen Vorteig anrühren. Leicht mit Mehl bestäuben und zugedeckt etwa 15-20 Minuten an warmem Ort gehen lassen, bis der Vorteig aufgegangen ist.

● Restlichen Zucker, Eigelb und Salz hinzufügen. Die Butter in lauwarmer Milch schmelzen und einrühren. Zunächst jedoch nur einen Teil der Milch aufgießen, dann den Teig gut durchkneten. Hierzu am besten den Elektroquirl mit Knethaken einsetzen. Von der restlichen Milch nur so viel angießen, wie es die Teigbeschaffenheit erfordert. So lange weiterkneten, bis der Teig glänzend ist und sich gut vom Schüsselrand löst.

● Mit einem Tuch bedeckt nochmals ca. 20-30 Minuten gehen lassen.

● Inzwischen das Backblech einfetten. Für den Belag Butter, Zucker und Milch erhitzen, dann ca. 5 Minuten lang einkochen, von der Kochstelle nehmen und die gehobelten Mandeln unterrühren. Etwas auskühlen lassen.

● Den Hefeteig auf dem vorbereiteten Backblech ausrollen, den Mandelbelag gleichmäßig darüber verteilen und im vorgeheizten Backofen bei 170-190 °C in 30-40 Minuten goldbraun backen. Auf einem Gitter auskühlen lassen.

● Für die Füllung Eigelb mit Zucker, Puddingpulver und 1/2 l kalter Milch glattrühren. Die restliche Milch unter Zugabe von Salz aufkochen, von der Kochstelle nehmen, die

angerührte Mischung zur Milch geben und unter beständigem Rühren einmal aufkochen.
In eine Schüssel geben und abkühlen lassen.
● Butter mit Vanillezucker schaumig rühren, den abgekühlten Pudding löffelweise zugeben und weiterrühren.
● Die Teigplatte in einzelne Stücke schneiden, jedes waagerecht durchschneiden, mit der Creme füllen und einige Stunden lang an einem kühlen Ort durchziehen lassen.

Einfacher „Quetschgerschkuche"
(Zwetschenkuchen, Pflaumenkuchen)

Teig:	1 Pa. Vanillezucker
400 g Mehl	50 g weiche Butter
30 g Hefe	Belag:
ca. 1/8 l lauwarme Milch	1-1 1/2 kg reife Zwetschen (Pflaumen)
1 Ei	50-60 g Zucker, mit 1 TL Zimt gemischt
50-60 g Zucker	
1 Prise Salz	Butter für das Bachblech

● Aus den angegebenen Teigzutaten einen weichen Hefeteig, wie im Rezept „Bienenstich" beschrieben, zubereiten und gehen lassen (s. Seite 68).
● Für den Obstbelag die Zwetschen waschen, abtropfen, trockentupfen und so entsteinen, daß die Hälften noch zusammenhängen.
● Den Teig auf einem mit Butter gefetteten Backblech ausrollen und mehrfach mit einer Gabel einstechen, dann dicht mit den Früchten belegen und nochmals ca. 15 Minuten lang gehen lassen. Inzwischen den Backofen auf 180 - 200 °C vorheizen.
● Den Kuchen in ca. 30-40 Minuten backen. Noch warm mit dem mit Zimt gemischten Zucker bestreuen, dann erkalten lassen und in Stücke schneiden.

Tip:
Sehr reife Früchte weichen den Hefeteig stark durch. Bestreuen Sie den Teig daher vor dem Belegen mit Kuchen – oder Semmelbröseln.

Herzhafter Mohn-Zwetschenkuchen

Teig:	2 Eier
500 g Mehl	abgeriebene Schale 1 unbehandelten Zitrone
40 g Hefe	
70 g Butter	75 g Zucker
70 g Zucker	1 Pa. Vanillezucker
1 Prise Salz	30 g Stärkemehl
1 Ei	1 Pa. Backmohn
knapp 1/4 l lauwarme Milch	750 g frische Zwetschen (Pflaumen)
Belag:	
250 g Quark, abgetropft	Butter für das Backblech

● Aus den angegebenen Teigzutaten einen Hefeteig, wie im Rezept „Bienenstich" (s. Seite 68) beschrieben, zubereiten und gehen lassen.

● Für den Belag den Quark in eine Rührschüssel füllen. Die Eier trennen, Eigelb zum Quark geben und die Eiweiße steif schlagen. Zitronenschale, Zucker, Vanillezucker sowie Stärkemehl mit dem Quark-Eigemisch verrühren. Eiweiß vorsichtig unterheben. Den Backmohn nach Packungsangabe vorbereiten.

● Die Zwetschen waschen, abtropfen lassen, trockenreiben, halbieren und entsteinen.

● Backblech einfetten und den Backofen auf 180-200 °C vorheizen.

● Den Hefeteig auf dem Blech gleichmäßig ausrollen, dabei einen Rand formen. Quark, Mohn und Zwetschen abwechselnd in Reihe diagonal darauf verteilen.

● Den Kuchen in 40-50 Minuten backen, auf einem Gitter auskühlen lassen und in Stücke zerteilen. Frisch servieren.

Thüringer „Äpfles"-Schmand-kuchen (Apfel - Rahmkuchen)

6 feinsäuerliche Äpfel	200 g Schmand (dicke, saure Sahne)
Zitronensaft	
Teig: 250 g weiche Butter	Streusel: 100 g Mehl
150 g Puderzucker	100 g brauner Zucker
4 Eier	100 g Butter, 1 TL Zimt
400 g Mehl	100 g geh. Mandeln
2 gestr. TL Backpulver	2 EL geh. Pistazien nach Belieben
1 TL Zimt	

● Zuerst die Streusel vorbereiten. Hierzu alle Zutaten – außer den gehackten Mandeln – in eine Schüssel geben und grob verkneten, dann kaltstellen.

● Die Äpfel waschen, trockentupfen, vierteln, vom Kerngehäuse befreien, schälen, grob raspeln und mit Zitronensaft beträufeln. Gut durchmischen.

● Den Backofen auf 180 - 200 °C vorheizen.

● Für den Teig die Butter mit dem Zucker sehr schaumig rühren. Hierzu am besten einen Elektroquirl einsetzen. Abwechselnd mit Backpulver gemischtes Mehl und den Schmand dazugeben, zuletzt den Zimt einrühren.

● Die Hälfte des Teiges auf ein rundes oder eckiges Backblech (ca. 30 x 40 cm) streichen, die Äpfel daraufgeben und den restlichen Teig darüber verteilen. Streusel und Mandeln gleichmäßig daraufstreuen.

● Den Kuchen in 50-60 Minuten backen. Nach Belieben mit sehr fein gehackten Pistazien bestreuen.

Tip:
Bevor Sie den Teig mit Früchten belegen, können Sie auch zusätzlich eine dünne Schicht kalten, süßen Grießbrei darauf verstreichen.

Saftiger Porreekuchen

Teig:
200 g Mehl

100 g weiche Butter

100 g Magerquark, abgetropft

1 TL Salz

1/2 TL Backpulver

2 EL Semmelbrösel für die Form

Belag:
700-800 g Porree

3-4 EL Öl

Salz, weißer Pfeffer

etwas edelsüßes Paprikapulver

1 EL Mehl

200 g Schmand (dicke saure Sahne oder Crème fraîche)

3 Eier

150 g mager, durchwachsener Speck in Würfeln, ausgebraten

50 g geriebener Käse

● Das Mehl in eine Schüssel sieben, weiche Butter, Quark, Salz sowie Backpulver dazugeben und alles zu einem glatten Teig verkneten. Hierzu am besten den Elektroquirl einsetzen. Anschließend den Teig mindestens 30 Minuten lang kühl stellen.

● Für den Belag den Porree zunächst putzen, in feine Ringe schneiden, gründlich waschen, abtropfen lassen und unter beständigem Wenden in heißem Öl glasig dünsten. Zum Abkühlen beiseite stellen.

● Mehl mit Schmand, Eiern, Speckwürfeln sowie Käse verrühren und den Porree untermischen.

● Den Backofen auf 180-200 °C vorheizen.

● Eine Springform (ø 26cm) einfetten, den Teig ausrollen, in die Form legen und einen Rand von ca. 3 cm hochziehen.
Am Boden mehrfach mit einer Gabel einstechen, dann mit Semmelbröseln ausstreuen.

● Den Belag daraufgeben, den Kuchen in 50-60 Minuten goldbraun backen, abdampfen lassen und lauwarm servieren.

Tip:
In Thüringen serviert man zum Porreekuchen ein kühles Bier oder man ißt ihn zusammen mit einer Kartoffelsuppe.

Der „Zippelmarkt" in Weimar

Seit nunmehr über 300 Jahren findet an jedem ersten Samstag im Oktober in Weimar der berühmte „Zippelmarkt" (Zwiebelmarkt) statt. Aus allen Teilen Thüringens werden vor allem Zwiebeln, aber auch viele Blumen und die verschiedensten Obstsowie Gemüseprodukte in die Stadt gebracht, deren würziger Duft sich bald überall verbreitet. Die Zwiebeln waren einst die Haupteinnahmequelle der Thüringer Bauern. Vom Theaterplatz bis zum Frauenplan – wo Goethes Wohnhaus steht – sind die dekorativen Stände aufgebaut. Sie bieten die zu langen, raffinierten Zöpfen gebundenen Zwiebeln sowie Trockenblumengebinde in allen Größen und Zusammenstellungen an.

Der Markt ist zugleich ein Volksfest mit Musik und einem reichlichen Angebot Thüringer Spezialitäten:

Bratwürste, „Rostbrätel", frischer Zwiebelkuchen und einer Vielzahl der beliebten Blechkuchen. Dünner Hefeteig wird hierfür mit reichlich Obst (Kirschen, Äpfel oder Beeren) belegt und mit einem dicken Schmandguß überzogen.

Weimarer Zwiebelkuchen

<u>Teig:</u> 200 g Mehl	2 EL Butter- oder Schweineschmalz
1 Msp. Salz	60 g feingewürfelter, mager Speck
10 g Hefe	
1/2 TL Zucker	Salz, weißer Pfeffer
etwa 50 ml lauwarme Milch	frisch geriebene Muskatnuß
30 g weiche Butter	2-3 Eier, 50 ml Schmand (dicke, saure Sahne oder Crème fraîche)
<u>Belag:</u> 600 g Zwiebeln, in Ringe geschnitten	Butter für die Form

● Das Mehl in eine Schüssel sieben, salzen, die in wenig Milch aufgelöste Hefe dazugeben, etwas

Zucker untermischen und unter Zugabe der restlichen Milch zu einem geschmeidigen Teig verarbeiten. Diese ca. 20-30 Minuten zugedeckt an einem warmen Ort gehen lassen.

● Inzwischen den Belag vorbereiten. Hierzu die Zwiebelringe in heißem Schmalz weichdünsten, den Speck dazugeben und kräftig würzen. Eier mit Schmand verquirlen.

● Eine große, runde Backform (ø 30 cm) einfetten, mit Teig auslegen und den Boden mehrfach mit einer Gabel einstechen. Den Zwiebelbelag darauf verteilen und nochmals gehen lassen. Den Backofen auf 190-210 °C vorheizen.

● Die Schmand-Eiermischung gleichmäßig über die Zwiebeln gießen und den Kuchen sofort in den heißen Backofen geben. In 30-40 Minuten backen, dann auf einem Gitter ausdampfen lassen, in Stücke schneiden und noch warm servieren.

Warmbier

3/4 l Milch	3 EL Zucker
1 EL Stärkemehl	etwas abgeriebene Schale
2 Eigelb	1 unbehandelten Zitrone
1/2 l helles Bier	1 Msp. Zimt

● 1/2 l Milch erhitzen, sobald diese aufkocht, die

restliche Milch - mit Stärkemehl und Eigelb verquirlt -

77

dazugeben. Gut durchmischen und einige Minuten ohne Wärmezufuhr ziehen lassen, damit das Eigelb nicht ausflockt.

● In einem anderen Topf Bier, Zucker, Zitronenschale und Zimt erhitzen, diese Mischung zur Milch geben und sofort servieren. Eventuell etwas nachsüßen.

Interessant für Sie:
Das „Warmbier" ist ein bewährtes Beruhigungs- und Schlafmittel, auch eignet es sich zum raschen Aufwärmen bei Erkältungskrankheiten.

Schlehenlikör

500 g frische Schlehen

abgeriebene Schale 1 unbehandelten Zitrone

4 g getrocknete Orangenschalen

1 Vanillestange

1 Prise frisch geriebener Muskat

400 g weißer Kandiszucker

0,7 l hochprozentiger, klarer Schnaps oder Gin

● Die Schlehen gründlich waschen und gut abtropfen lassen. Grob zerkleinert mit der abgeriebenen Zitronenschale, der klein geschnittenen Orangenschale, der aufgeschlitzten Vanillestange, dem Muskat sowie dem Kandiszucker in eine weithalsige Flasche füllen.

● Mit klarem Schnaps oder Gin auffüllen und fest verschließen.

● An einem hellen, nicht zu sonnigen Platz etwa 2 Monate lang stehen lassen, dabei in der ersten Zeit regelmäßig gut schütteln. Durch ein sauberes Leinentuch filtrieren und wieder in die gereinigte Flasche füllen.

Interessant für Sie:
Die besten Schlehenfrüchte für diesen gehaltvollen Likör erhält man Ende Oktober/Anfang November, wenn bereits der erste Frost eingetreten ist. Schlehen besitzen eine entzündungshemmende Wirkung und helfen, in Maßen genossen, bei Verdauungsbeschwerden. Den Likör sollte man daher am besten nach einem reichhaltigen Essen genießen.

*Die neue Serie
mit tollen
Rezepten!*

KOMPASS Küchenschätze

DEUTSCHLAND

ÖSTERREICH

ITALIEN

VERSCHIEDENE THEMEN

Erhältlich im Buchhandel und am Kiosk !

Zu den Rezepten:

Die Temperaturangaben sind Richtwerte, die je nach Herdtyp abweichen können. Möchten Sie das jeweilige Rezept mit Heißluft zubereiten, so stellen Sie ca. 20° C niedriger ein. Die Backzeiten bleiben in der Regel gleich. Bitte vergleichen Sie die Temperaturangaben vorab mit denjenigen in der Gebrauchsanweisung Ihres Herdes und stellen Sie ggf. etwas höher oder niedriger ein.

Zum Gebrauch des Buches:

Bitte beachten Sie folgende Abkürzungen bei den Rezepten:

EL	Eßlöffel
TL	Teelöffel
Msp	Messerspitze
g	Gramm
kg	Kilogramm
l	Liter
cl	Zentiliter
geh.	gehäuft
gem.	gemahlen
ger.	gerieben
gestr.	gestrichen
Pa	Päckchen

Bildnachweis

Thür. Landesfremdenverkehrsverb. Erfurt/E. Bautzer: 5, 7, 50, 75, Einband-Rückseite
CMA/Butterschmalz: 9, 27, 37
Kaliforn. Rosinen/Komplettbüro, München: 11
CMA/WPR Communication: 47, 60
Langnese-Iglo, Hamburg: 13, 23, 29, 48, 57
Adam/Ketchum PR, München: 15, 30/31, 72
Fotostudio Teubner, Füssen: 18, 19, 52, 53, 65, 67, 76
Fotostudio Sattelberger, Füssen: 21, 55, 59
Bresso/Ketchum PR, München: 29
Studio L'Eveque, H. Bischof, München: Titelmotiv, 34/35, 44
Fördergem. deutscher Pilzanbauer/Ketchum PR, München: 40
Thomy/Ketchum PR, München: 42
Komplettbüro, München: 63
Aurora/Ketchum PR, München: 71
Robert Bosch Hausger. GmbH, München: 74
G. Jung, Schmalkalden: 1
Landratsamt Schleiz: 2

Autorin und Verlag danken den oben genannten Unternehmen für die umfangreiche und freundliche Bereitstellung des Bildmaterials.

Lektorat: Ursula Calis, München
Design & Produktion: Verlagsbüro Fritz Petermüller, Siegsdorf
Satz: Agentur für Satz & Typographie, Grassau
Lithos: Fotolitho Veneta, Verona

© KOMPASS-Karten GmbH
Rum/Innsbruck
Fax 0043(0)512/265561-8
2. Auflage 2000
Verlagsnummer: 1713
ISBN 3-85491-835-6